¡YO LEO! ¡TÚ LEES!

Turno de lectura del niño

Turno de lectura del adulto

LEEMOS SOBRE

LOS FÓSILES

Tracy Vonder Brink y Madison Parker

Traducción de Pablo de la Vega

SEAHORSE PUBLISHING

Guía para padres y cuidadores

Leer a su niño en voz alta tiene muchos beneficios. Aumenta su vocabulario, activa el intercambio de ideas y fortalece los vínculos emocionales. Las investigaciones muestran que los niños a quienes se les leen libros en voz alta mejoran sus habilidades lingüísticas, lo que los lleva a tener mayor éxito en la escuela.

Los libros de *¡Yo leo! ¡Tú lees!* le ofrecen una manera divertida y sencilla para leer con su niño. Siga estas pautas:

Antes de la lectura

- Miren la tapa y la contratapa. Hablen de sus experiencias personales relacionadas con el tema. Hagan predicciones sobre el libro.
- Lean el *Glosario* al final del libro. Hablen acerca de las palabras que sean nuevas para su niño.
- Si el libro resulta difícil o lejano para su niño, léalo en voz alta la primera vez. Luego, invite a su niño a participar la segunda vez que lo lean.

Durante la lectura

NIÑO

Pida a su niño que lea las palabras junto a este símbolo. Este texto concuerda con el nivel de lectura y grado señalados en la tapa.

ADULTO

Lea las palabras junto a este símbolo.

- Deténgase con frecuencia para hablar con su niño sobre lo que está leyendo y para asegurarse de que su niño entiende.
- Si su niño tiene dificultades para decodificar una palabra, ayúdelo a pronunciarla. Si sigue experimentando dificultades, pronuncie usted la palabra para que su niño la escuche y pídale que la repita.
- Para encontrar el significado de una palabra, busquen pistas en las palabras e imágenes que la rodean.

Después de la lectura

- Felicite a su niño por sus esfuerzos. Hágalo notar cómo ha crecido como lector.
- Hagan uso de las *Preguntas de comprensión* al final del libro.
- Hable con su niño sobre lo que aprendió y sobre lo que le gustó y lo que no le gustó del libro.

Y, lo más importante, deje que su niño sepa que leer es divertido y valioso. Continúen leyendo juntos conforme las habilidades y seguridad de su niño crecen.

ÍNDICE

LOS FÓSILES

La palabra «fósil» proviene de la palabra latina para «desenterrado» o «sacado a la luz». Los fósiles son **restos** o huellas de vida antigua de hace al menos 10,000 años. Son **conservados** en rocas, el suelo o en ámbar.

El Keichosaurus *es un reptil que vivió en China hace alrededor de 240 millones de años.*

DATO FÓSIL

El registro fósil se remonta a más de tres mil millones de años. Observar estos fósiles nos permite dar una ojeada al pasado de la Tierra.

ADULTO

Los fósiles encontrados alrededor del mundo componen el registro fósil. Los paleontólogos son científicos que usan el registro fósil para entender la vida antigua. Ellos dividen los fósiles en dos grupos principales: fósiles corporales y pistas fósiles.

FÓSILES CORPORALES

Un fósil corporal formó alguna vez parte de un animal o planta. Las partes duras, como los huesos, los dientes y la madera se convierten con frecuencia en fósiles. De hecho, los huesos y los dientes son los fósiles encontrados con más frecuencia. Pero los huevos, la piel y las hojas también pueden convertirse en fósiles.

Los fósiles corporales ayudan a los paleontólogos a descubrir cómo se veía un animal o planta antiguos. El fósil de una planta puede mostrar qué tan grande podía llegar a ser. La forma de un diente nos ayuda a saber si un animal comía plantas o carne. Los huesos indican a los científicos si un animal caminaba en dos o en cuatro patas.

NIÑO

Pocas veces, los paleontólogos encuentran un esqueleto completo con todas sus partes. Por lo tanto, deben ingeniárselas para saber cómo es que los huesos encajaban entre sí. El descubrimiento de un nuevo fósil puede cambiar nuestras ideas sobre cómo se veía y comportaba un dinosaurio o un animal prehistórico.

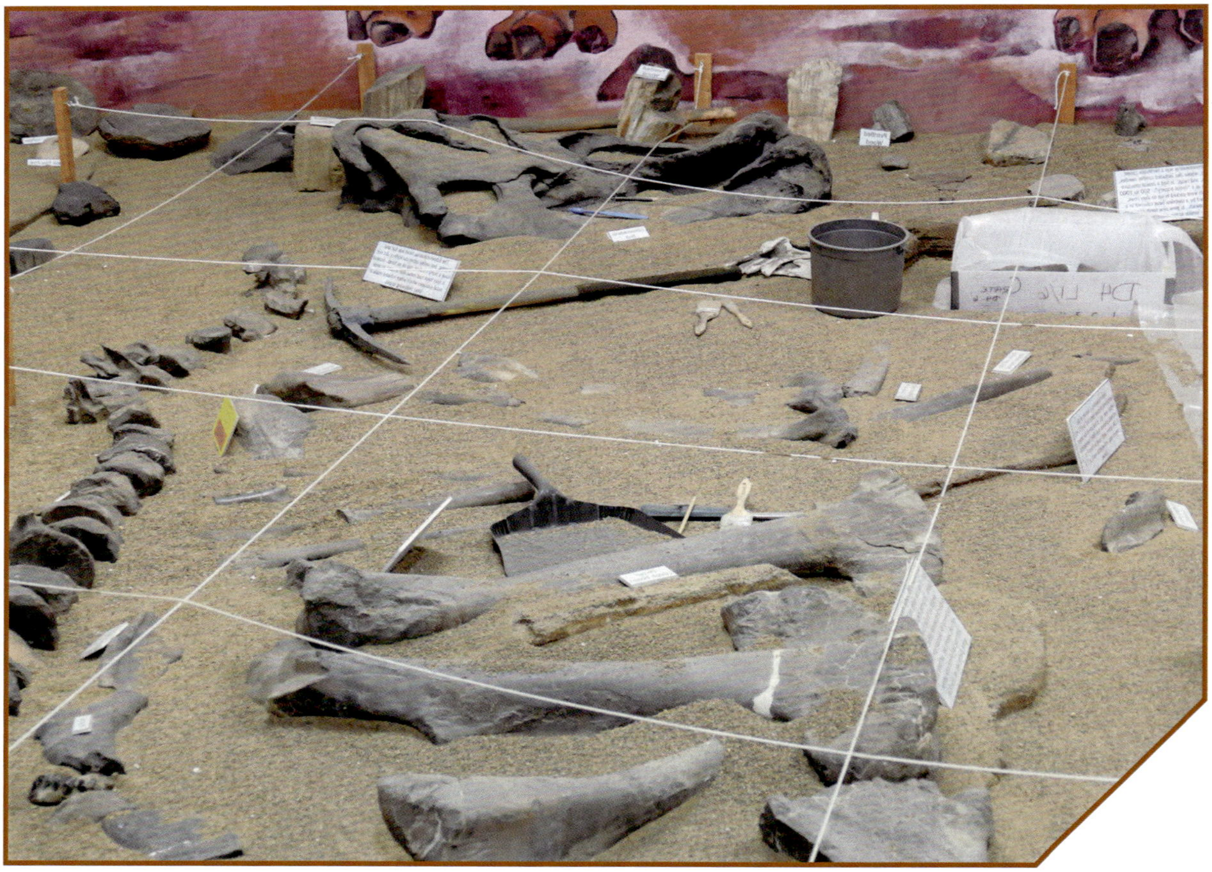

DATO FÓSIL

Cuando el primer fósil de *iguanodonte* fue descubierto, los paleontólogos pensaron que este dinosaurio tenía un pico en la nariz. Descubrimientos posteriores revelaron que el pico era parte de su dedo pulgar.

PISTAS FÓSILES

ADULTO

Las pistas fósiles son las que dejaron los seres vivos mientras vivían. Las huellas, los nidos e incluso la caca son pistas fósiles. Nos muestran el movimiento y las actividades de la vida en el pasado.

NIÑO

Huellas

Las huellas fosilizadas nos dan una pista sobre la manera en la que se movían los animales hace muchísimo tiempo y el lugar donde lo hacían. Un grupo del mismo tipo de huellas puede significar que los animales viajaban juntos en una manada. Si las huellas aparecen más separadas, puede significar que un animal estaba corriendo hacia su comida o alejándose del peligro.

DATO FÓSIL

La marca del paso de una cola también es una pista fósil. La marca de una cola junto a la de una huella podría significar que el animal arrastraba la cola al caminar.

En la Montaña de los Huevos también han sido encontrados nidos fosilizados de Troodon.

DATO FÓSIL

Los dinosaurios construían nidos en el suelo de la misma manera que muchas aves contemporáneas. Usaban sus pies y garras para escarbar la tierra y apilarla.

Nidos

ADULTO

Las pistas fósiles muestran que algunos dinosaurios construían nidos en el suelo para colocar sus huevos. En un **sitio** conocido como la Montaña de los Huevos, en el estado de Montana, Estados Unidos, un grupo de paleontólogos descubrió 14 nidos en forma de tazón construidos por dinosaurios *Maiasaura*. Los nidos medían más de seis pies (dos metros) de ancho.

NIÑO

Caca

Coprolito es el término científico para la caca fosilizada. Los coprolitos nos dan pistas sobre lo que comía un animal prehistórico. Al encontrar huesos en los coprolitos se puede concluir que el animal comía carne. Las semillas o cortezas sugieren que el animal comía plantas.

CÓMO SE FORMAN LOS FÓSILES

ADULTO Para que se pueda formar un fósil, las condiciones tienen que ser precisas. La mayoría de los seres vivos **se descomponen** después de morir, y por ello muy pocos se convierten en fósiles. De hecho, los científicos piensan que menos del uno por ciento de los animales se convierten en fósiles. Eso es cerca de uno en mil millones.

NIÑO

Fósiles corporales

Cuando un animal muere, sus partes suaves se pudren y dejan sólo los huesos, dientes y otras partes duras. Para fosilizarse, estas partes duras deben ser enterradas rápidamente por **sedimentos** como el lodo, la arena o la ceniza volcánica.

DATO FÓSIL

En ocasiones, los animales quedan atrapados en avalanchas. Los científicos piensan que varias dunas de arena que colapsaron en el desierto de Gobi, en Asia central, enterraron a un grupo de dinosaurios.

ADULTO

Se necesita más que quedar enterrado para convertirse en fósil. Alrededor de los huesos, dientes y otras partes duras debe acumularse agua. A lo largo de millones de años, los **minerales** del agua reemplazan las partes duras y dejan una copia de estas. Un fósil es una piedra —no un hueso o un diente— que se ve idéntica al original.

Moldes fósiles

NIÑO

En ocasiones, un hueso enterrado **se disuelve** por completo antes de que se pueda formar un fósil. Pero deja un espacio con la forma de un hueso. Si ese espacio se llena de agua y esta **deposita** minerales, esos minerales pueden crear un fósil con la forma del hueso que estaba en ese lugar. Este tipo de fósil es llamado molde fósil.

Los amonites eran animales marinos que vivieron hace 150 millones de años.

DATO FÓSIL

El cañón Picket Wire en Colorado, Estados Unidos, tiene la mayor cantidad de huellas de dinosaurios en América del Norte. Ahí han sido encontradas más de 1,900 huellas fósiles de dinosaurios.

ADULTO

Icnitas

Las huellas fosilizadas pueden formarse cuando un animal vivo pisa suelo lodoso. Las huellas deben endurecerse y quedar enterradas en sedimentos. Al igual que otros fósiles, las huellas deben llenarse de agua y minerales.

Ámbar

En ocasiones, es posible encontrar insectos prehistóricos dentro de ámbar. Hace mucho tiempo, un poco de resina escurrió del tronco de un árbol. Un insecto voló, cayó o se arrastró hacia ella y se quedó atorado. Otras capas de resina lo cubrieron y se endurecieron. El árbol cayó y quedó enterrado en capas de sedimentos. Luego, la resina se fosilizó convirtiéndose en ámbar, con el insecto conservado dentro.

DATO FÓSIL

Los científicos dudan de que el ADN pueda ser realmente extraído de un mosquito fosilizado en ámbar, como sugieren algunas películas. El ADN se descompone muy rápido y no duraría cientos de millones de años.

DATO FÓSIL

En 2021, una gran roca se desprendió de un acantilado cerca de una playa en el noreste de Inglaterra y, al caer, se abrió. Dentro había un fósil de 326 millones de años perteneciente a un milpiés gigantesco.

ADULTO

Los fósiles se forman en la profundidad de muchas capas de rocas, pero las fuerzas que hacen que la Tierra esté en constante cambio las traen a la superficie. Algunas capas de rocas son convertidas en montañas. El **desgaste** y la **erosión** dañan las rocas hasta exponer algunos fósiles. Las avalanchas también podrían revelar fósiles enterrados.

NIÑO

Los fósiles se forman en rocas sedimentarias, por lo que los paleontólogos usan mapas **geológicos** para localizar esos tipos de rocas. Se enfocan en lugares donde es más posible que se encuentren fósiles expuestos, tales como laderas de colinas, valles con ríos y acantilados.

DATO FÓSIL

Los paleontólogos también buscan fósiles basándose en la edad de las rocas. Un científico que estudia fósiles formados hace 200 millones de años buscaría en áreas donde hay rocas de esa edad.

ADULTO

Cuando los paleontólogos van a un área a buscar fósiles, caminan y miran el suelo. Si encuentran un pedazo de un fósil, quitan el polvo que lo rodea para descubrir si podría haber más fósiles enterrados.

NIÑO

Los paleontólogos usan palas, hachas para rocas y otras herramientas para extraer cada fósil que encuentran. Lo envuelven en una férula como las que usan los doctores para envolver un hueso roto. Esta férula protege al fósil desde el momento en que es desenterrado y es llevado a un laboratorio o a un museo.

ADULTO

Al encuentro de fósiles enterrados

Como trabajan debajo de la superficie de la Tierra, los mineros suelen encontrar fósiles por accidente. En 2011, un minero en Alberta, Canadá, estaba cavando un túnel. Descubrió un dinosaurio que había permanecido enterrado alrededor de 110 millones de años. Este dinosaurio con armadura, que forma parte de un grupo de dinosaurios llamados nodosaurios, es el mejor conservado que haya sido jamás encontrado.

NIÑO

Los fósiles y tú

No necesitas ser un científico para buscar fósiles. Saca un libro de la biblioteca o visita un museo para aprender a identificarlos. Para ir a buscar fósiles, llévate lo que llevarías a cualquier aventura al aire libre: zapatos cómodos, bloqueador solar, un sombrero, agua y un teléfono. Luego, ve a lugares donde es más probable encontrar fósiles, como el cauce de un arroyo o una playa, y pon tus ojos a trabajar.

No todos los lugares te permiten llevarte a casa los fósiles que encuentres. Averigua las reglas de tu área antes de ir.

Los huesos de Sue indican a los paleontólogos que vivió hasta los 28 años.

Sue

ADULTO

Sue es el sobrenombre de una tiranosauria rex que se encuentra en el Museo Field en Chicago, Illinois, en EE. UU. Lleva el nombre de la mujer que la encontró en 1990. El de Sue es el fósil más grande de tiranosaurio rex encontrado hasta ahora.

El Archaeopteryx

NIÑO

Los fósiles muestran que el *Archaeopteryx* tenía plumas como las de un ave, pero que también tenía dientes, garras y una cola con huesos, como la de los dinosaurios. ¿El *Archaeopteryx* fue la primera ave? ¿O estaba relacionada de manera más cercana con los dinosaurios? Los científicos no están seguros de la respuesta.

A diferencia de las aves actuales, el* Archaeopteryx *tenía una dentadura completa.

Los titanosaurios eran enormes, pero sólo comían plantas.

El titanosaurio

ADULTO

Los titanosaurios fueron un grupo de dinosaurios enormes que vivieron hace alrededor de 100 a 95 millones de años. El más grande jamás encontrado mide 122 pies (37 metros) de largo. ¡Más largo que tres autobuses escolares colocados uno tras otro!

El niño de Taung

NIÑO

En 1924, un cráneo fosilizado de alrededor de tres millones de años de antigüedad fue encontrado por mineros en Taung, Sudáfrica. El cráneo perteneció a un niño pequeño. Fue uno de los primeros fósiles de humanos primitivos encontrados en África.

Las marcas en el cráneo del niño de Taung sugieren que el niño fue atacado por un águila.

ADULTO

Más de 10,000 fósiles de dinosaurios han sido excavados por científicos desde 1824. Se han encontrado fósiles en todas partes, incluso en el Monte Everest, la montaña más alta de la Tierra. Los paleontólogos piensan que aún quedan muchos por descubrir. ¿Encontrarás alguno?

GLOSARIO

conservados: Que mantienen algo en buenas condiciones o en su estado original.

deposita: Que coloca o descarga algo en algún lugar.

desgaste: El proceso por el cual algo es desintegrado lentamente a través del contacto con fuerzas naturales como el viento, el agua o el hielo.

erosión: El desgaste de una superficie —por ejemplo, la de una roca— a causa del viento, la lluvia, el hielo y otras fuerzas de la naturaleza.

geológicos: Que están relacionados con el estudio científico de la Tierra, incluyendo sus rocas y suelo.

minerales: Sólidos que se forman naturalmente en la Tierra y que no provienen de ningún animal o planta.

resina: Una sustancia pegajosa producida por algunos árboles.

restos: Lo que queda de algo; trozos de cosas muy antiguas que han sobrevivido el paso del tiempo.

descomponen: Que se va pudriendo lentamente a través de un proceso natural.

se disuelve: Que mezcla uno o más sólidos y líquidos hasta que el sólido se vuelve parte del líquido; que desaparece en el líquido.

sedimentos: Materiales naturales, como rocas o plantas en descomposición, que son desbaratados y llevados por el viento, el agua u otro proceso natural y que se depositan en capas.

sitio: El lugar donde sucedió algo o donde está localizado algo.

ÍNDICE ALFABÉTICO

PREGUNTAS DE COMPRENSIÓN

1. Los fósiles encontrados alrededor del mundo conforman _____.
   a. los mapas geológicos
   b. el registro fósil
   c. los coprolitos

2. ¿Qué tipo de fósiles son formados por partes de animales?
   a. Los fósiles corporales.
   b. Las pistas fósiles.
   c. El ámbar.

3. ¿Qué tipos de fósiles muestran el movimiento o la actividad de la vida en el pasado?
   a. Los fósiles corporales.
   b. Las pistas fósiles.
   c. El ámbar.

4. Verdadero o falso: Los científicos piensan que menos del uno por ciento de todos los animales está fosilizado.

5. Verdadero o falso: Los científicos suelen encontrar esqueletos fósiles completos.

Respuestas: 1. b, 2. a, 3. b, 4. Verdadero, 5. Falso

Escrito por Tracy Vonder Brink y
Madison Parker
Diseño de Under the Oaks Media
Desarrollo de la serie de James Earley
Editora: Kim Thompson
Traducción de Pablo de la Vega

Photo credits: Alones: p. cover; Mark Brandon: p. 4; Gorodenkoff: p. 5; Nadezda Murmakova: p. 7; kamomeen: p. 8; Milan Sommer: p. 8; Stock for you: p. 9; Sergio Foto: p. 10; Maksim Shchur: p. 11; Ibe van Oort: p. 12; Potapov Alexander: p. 13;ESB Basic: p. 14; Nuntiya: p. 15; Carolina Jaramillo: p. 16; Nicholas Courtney: p. 17; Matteo Chinellato: p. 18; s_licciardello: p. 19;Popel Arseniy: p. 20; Evgeny Haritonov: p. 21;paleontologist natural: p. 22; Goldsithney: p. 24; EQRoy: p. 25; Natalia van D: p. 26; schusterbauer.com: p. 27; Puwadol Jaturawutthichai: p. 28; Goldsithney: p. 29;

Library of Congress PCN Data
Leemos sobre los fósiles / Tracy Vonder Brink y Madison Parker
¡Yo leo! ¡Tú lees!
ISBN 979-8-8945-9015-8 (hard cover)
ISBN 979-8-8945-9021-9 (paperback)
ISBN 979-8-8945-9027-1 (EPUB)
ISBN 979-8-8945-9033-2 (eBook)
ISBN 979-8-8945-9039-4 (audio)
ISBN 979-8-8945-9045-5 (read-along)
Library of Congress Control Number: 2024946194

Printed in the United States of America.

Seahorse Publishing Company
seahorsepub.com

Published in the United States
Seahorse Publishing
PO Box 771325
Coral Springs, FL 33077

SEAHORSE
PUBLISHING